Kapitein Winokio presenteert:

HANDJES DRAAIEN

36 kinderliedjes en -versjes
voor peuters en kleuters

Alle eendjes zwemmen in het water

Alle eendjes zwemmen in het water,
falderalderie-re, falderaldera-re.
Alle eendjes zwemmen in het water,
falde-ralde-ralde-ralde-ralde-ralde ra ra ra.

Alle indianen

Alle indianen schieten met bananen.
Pief, poef, paf, en jij bent af!

Appelsien, laat u zien

Appelsien,
laat u zien.
Pas maar op
of ik eet u op!

Boer, wat zeg je van mijn kippen?

Boer, wat zeg je van mijn kippen?
Boer, wat zeg je van mijn haan?
Hebben ze dan geen mooie veren
of staat jou de kleur niet aan?
Boer, wat zeg je van mijn kippen?
Boer, wat zeg je van mijn haan?

Daar zat een aapje op een stokje

Daar zat een aapje op een stokje
achter moeders keukendeur.
Het had een gaatje in zijn rokje
en daar stak zijn staartje deur.

Het had een ringetje aan zijn vingertje
en dat was van zuiver goud.
Daarom dachten alle mensen
dat het aapje was getrouwd!

De kikkertjes, de kikkertjes

De kikkertjes, de kikkertjes
zijn aardig om te zien.
De kikkertjes, de kikkertjes
zijn aardig om te zien.

Ooo kwak kwak kwak,
ooo kwak kwak kwak,
o kwak, o kwak, o kwak kwak kwak.
(2x)

In 't hoge gras, in 't lage gras,
daar springen ze in 't rond.
In 't hoge gras, in 't lage gras,
daar springen ze in 't rond.

Ooo kwak kwak kwak,
ooo kwak kwak kwak,
o kwak, o kwak, o kwak kwak kwak.
(2x)

En vaderpuit en moederpuit,
die gingen met de kleintjes uit.
En vaderpuit en moederpuit,
die gingen met de kleintjes uit.

Ooo kwak kwak kwak,
ooo kwak kwak kwak,
o kwak, o kwak, o kwak kwak kwak.
(2x)

Eén, twee, drie, vier, hoedje van

Eén, twee, drie, vier, hoedje van, hoedje van,
één, twee, drie, vier, hoedje van papier.
Heb je dan geen hoedje meer,
maak er eentje van papier.
Eén, twee, drie, vier, hoedje van papier.

Eén, twee, drie, vier, hoedje van, hoedje van,
één, twee, drie, vier, hoedje van papier.
Als het hoedje dan niet past,
zet het in de glazen kast.
Eén, twee, drie, vier, hoedje van papier.

Grauwtje de ezel

Grauwtje de ezel,
die liep laatst in de wei.
Hij kwispelde met zijn staartje.
O, wat was hij blij!
Ia, ia, ia, ia, ia,
ia, ia, ia, ia, ia.

Handjes draaien, koekebakkevlaaien

Handjes draaien, koekebakkevlaaien,
handjes draaien, koekebakkevis.
Je kunt het niet geloven hoe lekker dat dat is.
Je kunt het niet geloven hoe lekker dat dat is. Stokvis!

Hansje Pansje kevertje

Hansje Pansje kevertje,
die klom eens op een heg.
Neer viel de regen,
die spoelde alles weg.
Op kwam de zon,
die maakte alles droog.
Hansje Pansje kevertje,
die klom toen weer omhoog.

Het regent, het zegent

Het regent, het zegent,
de pannekes worden nat.
Daar kwamen twee boerinnekes aan,
die vielen op hun gat. Kletsnat!

Hop, hop, hop, wij ruimen alles op

Hop, hop, hop,
wij ruimen alles op.
Dit moet hier en dat moet daar,
alles netjes bij elkaar.
Hop, hop, hop,
wij ruimen alles op.

Hop, hop, hop,
wij ruimen alles op.
Alles in de juiste doos,
anders wordt de juffrouw boos.
Hop, hop, hop,
wij ruimen alles op.

Iene, miene, mutte

Iene, miene, mutte,
tien pond grutten,
tien pond kaas,
iene, miene, mutte is de baas!

Ikkeltje Kramikkeltje kwam aangelopen

Ikkeltje Kramikkeltje kwam aangelopen,
Ikkeltje Kramikkeltje kwam aangegaan.
Daar kwamen twee paar boeren,
paar boeren, paar boeren,
daar kwamen twee paar boeren
op mijne drempel staan. ’t Is gedaan.

In het bos, daar staat een huisje

In het bos, daar staat een huisje,
'k keek eens door het vensterraam.
Kwam een haasje aangelopen,
klopte aan de deur.
Help mij, help mij uit de nood,
of de jager schiet mij dood.
Laat mij in uw huisje klein,
'k zal u dankbaar zijn.

In een klein stationnetje

In een klein stationnetje
’s morgens in de vroegte,
stonden zeven wagentjes netjes op een rij.
’k Zag het machinistje
draaien aan het wieleke.
Hakke hakke tuut tuut, weg zijn wij!

ken jij Jan, de mosselman

Ken jij Jan, de mosselman,
de mosselman, de mosselman,
ken jij Jan, de mosselman,
de man van Scheveningen?

Ja, ik ken de mosselman,
de mosselman, de mosselman,
ja, ik ken de mosselman,
de man van Scheveningen.

Samen kennen wij de mosselman,
de mosselman, de mosselman,
samen kennen wij de mosselman,
de man van Scheveningen.

Jongens, meisjes, aan de kant

Jongens, meisjes, aan de kant,
daar komt mamaolifant.
Grote voeten, grote oren,
en een lange slurf van voren.
Jongens, meisjes, aan de kant,
daar komt mamaolifant.

En achter mamaolifant …
daar loopt een heel klein babyolifantje.
Daar moeten we heel zachtjes voor zingen.

Jongens, meisjes aan de kant,
daar komt babyolifant.
Kleine voetjes, kleine oren,
en een kleine slurf van voren.
Jongens, meisjes, aan de kant,
daar komt babyolifant.

En wie kwam er toen uit het bos?
Papaolifant!
Nu gaan we heel hard zingen!

Jongens, meisjes, aan de kant,
daar komt papaolifant.
Grote voeten, grote oren,
en een lange slurf van voren.
Jongens, meisjes, aan de kant,
daar komt papaolifant.

Kater in het water gevallen

Kater in het water gevallen,
'k heb hem horen plonsen.

'k Had hem bij zijn steertje gepakt,
hij ware niet verdronken.

Klap eens in de handjes

Klap eens in de handjes,
blij, blij, blij.
Op het boze bolletje,
allebei.

Klein, klein kleutertje

Klein, klein kleutertje,
wat doe jij in mijn hof?
Je plukt er alle bloempjes af
en maakt het veel te grof.

Mamaatje die zal kijven,
papaatje die zal slaan.
Klein, klein kleutertje,
laat al die bloempjes staan.

Lang zal ze leven

Lang zal ze leven,
lang zal ze leven,
lang zal ze leven,
in de gloria,
in de gloria,
in de gloria.
Hieperdepiep, hoera!
Hieperdepiep, hoera!
Hieperdepiep, hoera!

Onder moeders paraplu

Onder moeders paraplu
liepen eens twee kindjes.
Anneke en Janneke,
dat waren dikke vriendjes.

En de klompjes gingen van klik, klak, klik
en de regen deed van tik, tak, tik
op moeders paraplu,
op moeders paraplu.

Onze poes heeft poesjes gekregen

Onze poes heeft poesjes gekregen,
fiefalderie, fiefaldera.
Drie witte, drie rode, drie zwarte, maakt negen,
fiefalderie, fiefaldera.

Poes, poes, lelijke poes,
voed ze maar op met appelemoes.
Poes, poes, lelijke poes,
voed ze maar op met appelemoes.

Onze poes leert heur poesjes manieren,
fiefalderie, fiefaldera.
Te bijten, te blazen, te krabben als stieren,
fiefalderie, fiefaldera.

Poes, poes, lelijke poes,
voed ze maar op met appelemoes.
Poes, poes, lelijke poes,
voed ze maar op met appelemoes.

Papegaai is ziek

Papegaai is ziek en hij moet sterven.
Maak een appelmoes al van conserven
voor onze gaai, voor onze gaai,
voor onze allerliefste, zoete papegaai.

Papegaaitje, leef je nog? Ija-deja!
Ja, mevrouw, ik ben er nog! Ija-deja!
'k Heb mijn eten opgegeten
en mijn drinken laten staan! Ija-deja, boem!

Parapluutje, parasolletje

Parapluutje, parasolletje.
Eentje voor de regen
en eentje voor de zon,
pardon!

zeg, Roodkapje, waar ga je heen

Zeg, Roodkapje, waar ga je heen,
zo alleen, zo alleen?
Zeg, Roodkapje, waar ga je heen,
zo alleen?

’k Ga naar grootmoeder koekjes brengen,
in het bos, in het bos.
’k Ga naar grootmoeder koekjes brengen,
in het bos.

In het bos zijn de wilde dieren,
in het bos, in het bos.
In het bos zijn de wilde dieren,
in het bos.

’k Ben niet bang voor de wilde dieren,
’k ben niet bang, ’k ben niet bang.
’k Ben niet bang voor de wilde dieren,
’k ben niet bang.

Pas maar op, daar komt de wolf,
pas maar op, pas maar op.
Pas maar op, daar komt de wolf,
pas maar op.

’k Ben niet bang voor de boze wolf,
’k ben niet bang, ’k ben niet bang.
’k Ben niet bang voor de boze wolf,
’k ben niet bang.

’k Zal eens zien of jij niet bang bent,
’k zal eens zien, ’k zal eens zien.
’k Zal eens zien of jij niet bang bent,
’k zal eens zien.

Slaap, kindje, slaap

Slaap, kindje, slaap,
daar buiten loopt een schaap.
Een schaap met witte voetjes,
dat drinkt zijn melk zo zoetjes.
Slaap, kindje, slaap,
daar buiten loopt een schaap.

Sofie de krokodil

Sofie de krokodil,
die tatert maar, die tatert maar.
Sofie de krokodil,
haar mondje staat nooit stil.

Tikke takke tok

Tikke, takke, tok!
De muis zit op de klok!
De klok sloeg één
en de muis verdween!

GUEUZE LAMBIC

Twee handjes op de tafel

Twee handjes op de tafel,
twee handjes in de zij,
twee handjes op de schouders,
op 't hoofdje allebei.

Nu maken we twee vuistjes,
zo stevig als 't maar kan.
Daar gaan we nu mee trommelen,
van je rommel de bommel de bom.

De duimpjes zijn de dikste,
de pinkjes zijn maar klein.
Nu moeten alle handjes,
weer vlug op 't rugje zijn.

Varen, varen, over de baren

Varen, varen, over de baren,
varen, varen, over de zee.
Wie nog nooit gevaren heeft,
weet niet hoe een zeeman leeft.
Varen, varen, over de baren,
varen, varen, over de zee.

Wij maken een kringetje van jongens en van meisjes

Wij maken een kringetje van jongens en van meisjes.
Wij maken een kringetje van tralala.
Maak nu een buiging, maak nu een buiging.
Bij de hand, bij de hand, pak je vriendje bij de hand.
Bij de hand, bij de hand, pak je vriendje bij de hand.

Witte zwanen, zwarte zwanen

Witte zwanen, zwarte zwanen,
wie gaat er mee naar Engeland varen?
Engeland is gesloten,
de sleutel is gebroken.
Is er dan geen smid in 't land,
die de sleutel maken kan?

Laat doorgaan, laat doorgaan,
wie achter is, moet voorgaan.

Zagen, zagen, wiedewiedewagen

Zagen, zagen, wiedewiedewagen.
Jan kwam thuis om een boterham te vragen.
Moeder was niet thuis.
Vader was niet thuis.
Piep, zei de muis in het voorhuis.

'k Zag twee beren broodjes smeren

'k Zag twee beren broodjes smeren,
o, dat was een wonder.
't Was een wonder, boven wonder,
dat die beren smeren konden.
Hi hi hi! Ha ha ha!
'k Stond erbij en ik keek ernaar!

'k Zag twee slangen was ophangen,
o, dat was een wonder.
't Was een wonder, boven wonder,
dat die slangen hangen konden.
Hi hi hi! Ha ha ha!
'k Stond erbij en ik keek ernaar!

'k Zag twee mussen de juffrouw kussen,
o, dat was een wonder.
't Was een wonder, boven wonder,
dat die mussen kussen konden.
Hi hi hi! Ha ha ha!
'k Stond erbij en ik keek ernaar!

'k Zag twee bijen autorijden,
o, dat was een wonder.
't Was een wonder, boven wonder,
dat die bijen rijden konden.
Hi hi hi! Ha ha ha!
'k Stond erbij en ik keek ernaar!

...

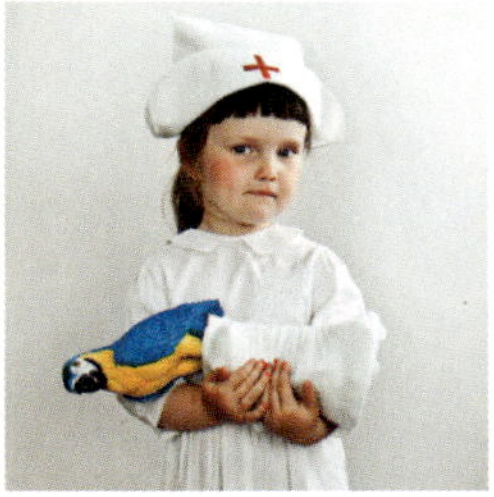

Kapitein Winokio **Aanbod**

Alle creaties van Kapitein Winokio die hieronder beschreven zijn, vind je in de betere muziekwinkel en boekhandel. Meer info vind je op www.kapiteinwinokio.be.

Kapitein Winokio presenteert: KOEKEBAKKE-VLAAIEN

BOEK + CD

ISBN 978 94 903 7811 0

Koekebakkevlaaien brengt — net als de voorganger *Handjes Draaien* — de Vlaamse kinderliedjes tot leven, in klank én beeld! Raad aan de hand van de foto's van Emilie Vercruysse over welk lied het gaat en zing mee met Kapitein Winokio, Mevrouw de Poes en muziekmatroos Ivanov.
Met o.a. *Ik ben een muzikantje*, *Juffrouw wil je de polka leren*, *Zakdoek leggen*, *Jantje zag eens pruimen hangen*, *Broeder Jacob*, *Wij zijn de mannen die de gas doen branden*, *Op een grote paddenstoel* en *Moriaantje, zo zwart als roet.*

DE WINTER VAN KAPITEIN WINOKIO

BOEK + CD

ISBN 978 94 903 7815 8

De winter van Kapitein Winokio is een eerste uitgave in een nieuwe reeks waarbij de seizoenen centraal staan. *Vrieskou*, *de eerste sneeuw*, *Kerstmis*, *Nieuwjaar*, *carnaval* … Kapitein Winokio zingt het hele jaar rond.

DE ZOMER VAN KAPITEIN WINOKIO

BOEK + CD

ISBN 978 94 903 7824 0

De zomer van Kapitein Winokio is de opvolger van… De winter van Kapitein Winokio. Met liedjes als *Het zonnelied*, *Ik kan zwemmen!* en *Warm warm warm* brengen Kapitein Winokio, mevrouw de Poes en muziekmatroos Ivanov de zomer naar je toe. De heerlijk Caraïbische ritmes brengen je moeiteloos in vakantiestemming.

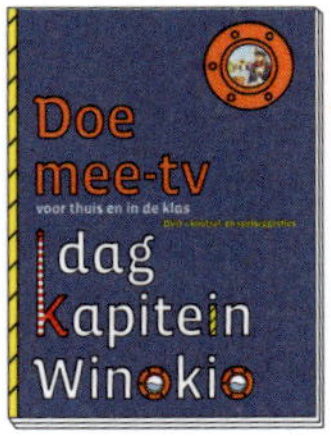

ISBN 978 94 903 7816 5

Dag Kapitein Winokio
DVD + KNUTSEL-
EN SPELSUGGESTIES

Doe mee-tv voor thuis en in de klas. Kleuters worden gestimuleerd om spelenderwijs te leren: dagelijkse handelingen als 'veters knopen', maar ook klanken, vormen en kenmerken van verschillende muziekinstrumenten.

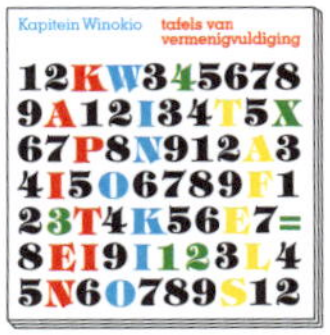

ISBN 978 94 903 7803 5

De Tafels van Vermenigvuldiging
Educatief pakket
CD + OEFENKAARTJES + POSTER

Op de beats van de Belgische latinogrootmeester Buscemi laat de Kapitein de tafels van vermenigvuldiging swingen: per tafel één track. Oefenen kan op de karaokeversie. En tot slot is er huiswerk op zijn Kapiteins: een tafelsquiz!

ISBN 978 94 903 7812 7

J'aime la vie — leer Frans
met Kapitein Winokio
Educatief pakket
CD + GEÏLLUSTREERDE OEFEN-
KAARTJES + TEKSTBOEK

Kapitein Winokio houdt van vreemde talen en hun zwierige ritmes. Samen met muziekmatroos Ivanov en Mevrouw de Poes laat hij zijn Franse rrrrrr rollen op 20 Franse kinderliedjes. Woordenschat oefenen kan met 200 oefenkaartjes en een liedjesboek, geïllustreerd door Eva Mouton.

ISBN 978 94 903 7823 3

Kapitein Winokio ZINGT
13 kinderliedjes uit alle
windstreken
BOEK + CD

Kapitein Winokio verzamelde liedjes uit alle landen waar de wind hem naartoe bracht. Hij vroeg Frank Vander linden om ze te vertalen, maar behield de klankkleur. Met dit boek+cd kan je reizen vanuit je luie zetel. Laat je meevoeren over de woeste zeeën, de muziek achterna!

ISBN 978 94 903 7813 4

Kapitein Winokio ZINGT
hits van vroeger
BOEK + CD

Kapitein Winokio vertaalde de meest aanstekelijke hits aller tijden in het Nederlands. *If I had a hammer* wordt *Had ik maar een hamer*, *Celebration* kreeg de titel *Feest!*, *Wild Thing* is een… *Wild ding*. Terwijl het jonge grut al dansend een snelcursus popgeschiedenis meekrijgt, herbeleven de ouders hun jeugd.

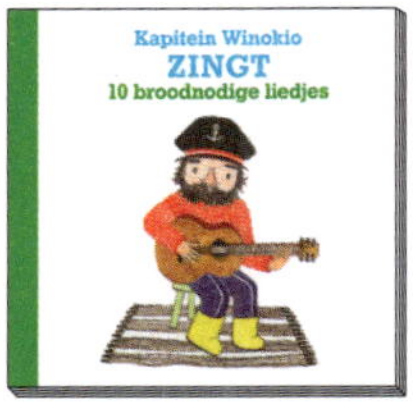

ISBN 978 94 903 7809 7

Kapitein Winokio ZINGT
10 broodnodige liedjes
BOEK + CD

Kapitein Winokio zingt 10 broodnodige liedjes herbergt pareltjes uit het Grote Leven van kleine kinderen en hun ouders. Muziek van Kapitein Winokio, illustraties en cursiefjes van Eva Mouton.

Kapitein Winokio draagt dit boek op aan alle mama's en papa's, oma's en opa's, juffen, meesters en onthaalouders, en aan het publiek domein.

Concept: Kapitein Winokio
Foto's: Emilie Vercruysse — www.emilievercruysse.be
Muziek: Winok Seresia, Marie-Anne Coppens en Ivan Smeulders
Kinderstemmen: Dora en Omer Brams, Wilco en Rinus Van Petegem
Opname en mix: Studio Kajuit, Tars Vervaecke
Grafisch ontwerp: Jan W. Hespeel, Randoald Sabbe en Stef Cuypers
Met dank aan: Wouter Cajot en Rosie Lou, Lee Elvis, Eppo, Emilien, Alice, Jack, Naomi, Béthina, Sena, Blanche, Camille, Pixie, Jérome, Fee, Mia, Mona, Thibo, Woody, Madeleine, Jeanne, Pauline, Anton, Gus en Amaryllis

In deze reeks verscheen ook *Koekebakkevlaaien, 36 kinderliedjes en –versjes voor peuters en kleuters*.

CONTACT
Kapitein Winokio
Noorderlaan 31, 2030 Antwerpen
T 03 663 30 36
F 03 877 36 96
www.kapiteinwinokio.be
info@kapiteinwinokio.be
ook op Facebook, Twitter en YouTube

ISBN 978 94 903 7805 9
D/2010/12.320/1
NUR 275